Liebesgrüße aus der Steinzeit

B. C. – Die Steinzeitfreaks von Johnny Hart

Eichborn Verlag

Ausgewählt und herausgegeben
von
Adolf Heinzlmeier

CIP-Kurztitelaufnahme der Deutschen Bibliothek

Hart, Johnny:
B. C. – die Steinzeitfreaks / Johnny Hart. –
Frankfurt am Main: Eichborn
Liebesgrüße aus der Steinzeit. – 1987.
ISBN 3-8218-1887-5

Deutsche Lizenzausgabe: Vito von Eichborn GmbH & Co
Verlag KG, Frankfurt am Main, September 1987.
Cover: Adolf Heinzlmeier unter Verwendung eines Motivs von
Johnny Hart.
Gesamtherstellung: Fuldaer Verlagsanstalt GmbH.
ISBN 3-8218-1887-5. Verlagsverzeichnis schickt gern:
Eichborn Verlag, D-6000 Frankfurt 70.

LIEBESGRÜSSE AUS DER STEINZEIT

Männer und Frauen in der Steinzeit
Flirts und Eroberungen
Liebe und so weiter
Eifersucht in der Steinzeit
Ehekrach in der Steinzeit
Emanzipation in der Steinzeit
Briefe und Tagebücher aus der Steinzeit
Abenteuer in der Steinzeit
Steinzeit-Philosophie
Nichts bleibt, wie es ist
Ein Trottel kommt selten allein
Schlangengrube

B. C. – Die Steinzeitfreaks kommen

B. C. bedeutet »Before Christ« und stellt eine ganz andere sagenhafte Welt sprechender Tiere, Pflanzen und Urmenschen dar, die zufälligerweise mit unserer Zeit eine merkwürdige Parallele aufweist. Cartoonist Johnny Hart hat dafür ein phantasievoll-kurioses Personal erschaffen, das mal tum-grotesk, mal überschlau sein Publikum zum Lachen reizt.

Das ist die Hauptigur B. C., ein menschenfreundlicher Neandertaler, der seine Kommunikationsbedürfnisse leider manchmal mit den falschen Leuten befriedigt, und sein Gegenüber »Locke«, ein sarkastischer Bursche mit Lockenkopf, aber von erbarmungslosem Humor. Weiter gibt es »Grog«, eine Mischung aus Macho und Höhlenteddybär, oder den naiven Einfaltspinsel »Peter«, der zwar gern Ratschläge erteilt, aber ständig selbst in nette kleine Katastrophen hineinschlittert. Dann agieren »Tölpel«, »Blondie« und »Willie«, ein einbeiniger Poet mit einer Abneigung gegen Wasser in jeder Form und einer Vorliebe für alle Arten von Sport. »Dickerchen« ist die Dame mit dem Betonbusen und der unwiderstehlichen Lust, Männer zu dominieren, und »Thor« sieht sich als Künstler und selbsternannter Frauenliebhaber, der als Erfinder des Rads immer wieder für Furore sorgt.

Ergänzt wird diese Galerie der Steinzeitfreaks durch seltsame Tiere, Urformen der Schlange, Muscheln, einer Riesenschildkröte, unheimlichen Vogelarten und einem Ameisenbär mit Steinzeitrüssel.

all the best, johnny hart

Die Figuren überraschen durch ihre absurde Allerweltsphilosophie, die einfachste Dinge in Frage oder auf den Kopf stellt. Die Cartoons leben aber besonders von dem unbekümmert frechen Strich, der die Actions-Szenen so lebendig macht.

B. C. ist das in die Steinzeit versetzte abstrahierte Alltagsleben, das am Beispiel von Mensch und Tier unserer krausen Gegenwart einen Spiegel vorhält.

Cartoonist Johnny Hart wurde 1931 in Endicott, New York, geboren, wo er noch heute lebt. Der Autor von Peanuts, Charles Schulz, gehörte zu seinen Vorbildern. 1958 entwickelte Hart die B.-C.-Comics zu einer Zeit, als Witze über Höhlenmenschen sehr populär waren. Zunächst haben fünf große Zeitungskonzerne B.C. abgelehnt, dann wurde der erste Strip von dem Herald-Tribune-Konzern akzeptiert. Heute erscheinen die Comics über die lustigen Spaßvögel aus der Vorzeit weltweit in mehr als 1000 Zeitungen mit einer Leserschaft zwischen 200 und 300 Millionen.

»Der Comic Strip ist eine aufregende Sache. Er wird normalerweise von Menschen erfunden, die sich weigern, erwachsen zu werden und liefert wunderbare Phantasien für Menschen, die es bedauern, erwachsen geworden zu sein« (Johnny Hart).

Adolf Heinzlmeier

Männer und Frauen

in der Steinzeit

LANG IST'S HER, DASS DIE MÄNNER UNS FRAUEN AN DEN HAAREN IN IHRE HÖHLEN SCHLEPPTEN.
WIE LANG MEINST DU?
AUGENBLICK, ICH MESSE GLEICH MAL NACH.
HAST DU SO EIN RICHTIG MASKULINES AFTER SHAVE?
SELBSTREDEND – „ATTILA NO. 5".
Geschenke
MANN! WORAUS BESTEHT DENN DAS?
AUS DEM SCHWEISS VON FÜNF GALEERENHÄFTLINGEN.
Geschenke

ICH SUCH ETWAS FÜR MEINEN FREUND.
WIE WÄR'S MIT 'NEM KLEINEN ALLIGATOR?
Geschenke
SPITZE! WOHER WEISST DU, DASS ER KRO-KODILE MAG?
REINE VERMUTUNG.
Geschenke

Liebes Dickerchen,
Lebenshilfe
Mein Mann macht mir Vorhaltungen, weil ich zu dünn bin - was soll ich tun?
gez. eine zarte Frau
Liebe Zarte, schick ihn zu mir.
Lebenshilfe

HÖHLEN-
ZEICHNUNGEN
MANN
FRAU
BI

EIN MANN
SHOW

HÖHLEN-
ZEICHNUNGEN
?
FRAU MANN TIER
?

WAS IST DAS?
ICH NENNE ES „FELS, STEIN UND KIESEL“.
GRATULIERE: DU BIST DER EINE MANN, DER SOWAS BLÖDES FERTIGBRINGT.

HALLO, THOR!
HALLO, WANDA.
DAS KÖNNEN WIR JETZT VERGESSEN!
ACHTUNG! DÜNNES EIS!

HABEN SIE EIN GROSSES GUMMIBOOT DA?
Peters Bootsverleih
TUT MIR LEID, LIEBE FRAU... **SIE** HABE ICH NICHT ERWARTET.
Peters Bootsverleih

RING
HALLO?... JA?... JA...? JA... JA?... JA?... NEIN... TSCHÜSS.
WOFÜR WAR DAS „NEIN?"
ER FRAGTE MICH, OB ICH JEMALS NEIN SAGE.

ICH SAGE JETZT WOHL BESSER „GUTE NACHT."
ACH - VERDIRB DOCH DIE PARTY NICHT.
DIE PARTY IST VERDORBEN, SEIT DU DIESEN KÜRBISDRINK SERVIERT HAST.

Flirts und Eroberungen

?
HAT ER MICH ANGELACHT ?
HAST DU MIR NACHGEPFIFFEN ?
ICH? NEIN!... WÜRDE ICH NIE TUN!
HMM... IRGENDETWAS HAUT MIT MEINEM HÜFTSCHWUNG NICHT MEHR HIN.

HALLO.
SELBER HALLO.
HALLO.

WOZU DIESE KERZEN?
ICH HABE EINEN HERRN ZUM ESSEN EINGELADEN.
EHRLICH? - SIEHT ER GUT AUS?
DAS NICHT... ABER ER HAT VIEL SINN FÜR HUMOR.
GANZ OFFENSICHTLICH.

HALLO, ICH BIN EIN GLÜCKS-KÄFER!... ICH BRINGE GLÜCK.
IN DER TAT, MEIN LIEBER.
LUTSCH
HE, KUMPEL... HAST DU MEINE ALTE DAME HIER GESEHEN?

Liebe und so weiter

HILFE !
DIE KLEINE BLONDE UND ICH SIND IN DIESES BLÖDE LOCH GEFAL- LEN... WIRF UNS EIN SEIL RUNTER !
HE, DU TORFKOPF... GLAUBST DU VIELLEICHT, DIESES FÄDCHEN HÄLT MEIN GEWICHT ?
hart

SCHLIESST DU EIGENTLICH DIE AUGEN BEIM KÜSSEN ?
NICHT DOCH...
DANN KANN ICH JA GAR NICHT SEHEN, WIE IHRE AUGENBRAUEN FEUER FANGEN.
hart

DEINE AUGEN SIND...
SIE SIND... OH...
OHNE LIDER !... UND DEINE LIPPEN... ÜH... STRICHE... DIE ZUNGE... GESPALTEN...
ZISCH
EIN WUNDER, DASS SICH SCHLANGEN ÜBER-HAUPT FORTPFLANZEN !

HE, JOHANN, LASS MICH REIN, ICH FRIERE MIR HIER DRAUSSEN DIE KNOCHEN STEIF.
BEDAURE... ZWEI SIND EIN PAAR, ABER DREI EIN VEREIN.
WIE BITTE ?...
hart
RATE MAL: WARUM HABEN SICH DER ELEFANT UND DAS MÄUSCHEN SCHEIDEN LASSEN ?
WEIL SIE SICH NICHT IN DIE AUGEN SEHEN KONNTEN...?
SAG'S DOCH GLEICH, WENN DIR WAS ZU SCHWER IST.
hart

WIE WEIT WILLST DU DENN NOCH RENNEN, JAKOB?
WANN HÖRST DU ENDLICH AUF, DICH SELBST ZU QUÄLEN?
... WENN DU AUF-HÖRST, MIR NACHZU-LAUFEN!

MEIN MANN IST MIT CONNIE DURCHGE-BRANNT!
MEINER AUCH!
WAS HAT DIESES ÜBLE FLITTCHEN NUR, DAS WIR NICHT HABEN?
UNSERE MÄNNER!

SCHLÄFST DU, JAKOB?
Z
JA.
OH... ICH KANN WARTEN BIS MORGEN.
Z

...OH, WIE NIEDLICH!
NETTES HUNDCHEN...
PAT
PAT
PAT
PAT
...HUNDCHEN?
OUH.. SO BIN ICH NOCH NIE BELEIDIGT WORDEN...
HE DU!
ICH HABE MIT DEM AMEISENBÄR EIN HÜHNCHEN ZU RUPFEN!... BIST DU DAS?
WOUWOUWOUUUUU

SAG MAL, WOHER NIMMT DEIN MANN NUR ALL DIE ENERGIE ?...
WOHER ?... ICH TRETE IHM JEDEN MORGEN IN DEN ALLER-WERTESTEN !

HALLO, VATER, ICH BIN'S!
HALLO, SOHN ... HAST DU MIR ZIGARREN MIT-GEBRACHT?
ZIGARREN SIND SCHLECHT FÜR DIE LUNGE
VIELLEICHT EIN LIKÖRCHEN?
SCHLECHT FÜR DEINE LEBER
PRALINEN?
SCHLECHT FÜR DEINE GIFTZÄHNE
WAS **HAST** DU DENN MITGEBRACHT?
ICH BRINGE DIR LIEBE!
OH... DU RÜHRST DAS HERZ EINES ALTEN MANNES
WO IST SIE?...

WAS IST DAS?
EIN STRAUSS TOTER FISCHE FÜR DIE KLEINE BLONDINE.
DU DUMMKOPF... MAN SCHENKT FRAUEN DOCH BLUMEN.
OH, WAS FÜR EIN HÜBSCHER STRAUSS TOTER FISCHLIS!
EIN DUTZEND LANGSTIELIGE KRABBEN BITTE.
FISCH MARKT

WAS ZUM...
UUNHH UUNHH
UH!
WELCH HOLDER TAG, DU LIEBE MEINES LEBENS!
QUATSCH NICHT!... MIR WAR NUR MAL SO NACH STRECKEN ZUMUTE.
HART

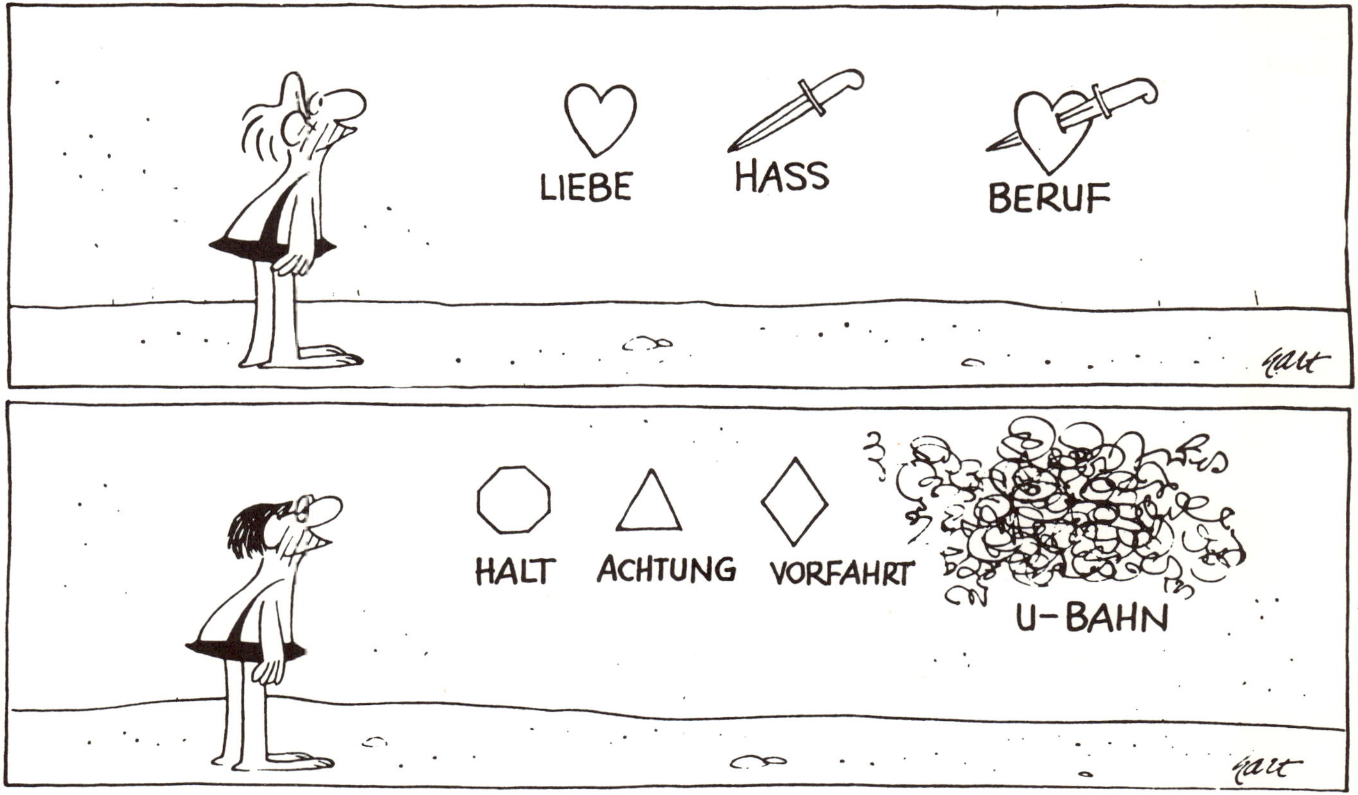
LIEBE
HASS
BERUF
HALT
ACHTUNG
VORFAHRT
U-BAHN

Eifersucht

in der Steinzeit

LILIANE KOMMT DICH WOHL SEHR TEUER ZU STEHEN ?
WIRKLICH NICHT !
WAS KOSTET'S DICH DENN SO, SIE DAZU ZU BRINGEN, MIT DIR AUSZUGEHEN ?
EIN TELEFONAT FÜR 30 PFENNIGE.
ICH VERLASSE DICH FÜR IMMER !
HAU DOCH AB !
ADIEU !
IMMER ! IMMER ?...
DEN KENNE ICH GAR NICHT !

Ehekrach in der Steinzeit

WIESO SPRECHEN WIR EIGENTLICH NICHT MEHR MITEINANDER, JAKOB?
ABER MOLLI, DAS IST DAS ERSTE, WAS DU SEIT WOCHEN ZU MIR SAGST.
ACH, HALT DEN MUND!

WO ZUM TEUFEL WARST DU SO LANG?
WIR HATTEN DISKUSSIONS-ABEND IN DER FRAUENBE-WEGUNG.
KOMM REIN UND MACH DAS ABEND-ESSEN!
JA, JAKOB.
AU... WAS SOLL DAS?
DAS WAR DIE VOR-SPEISE, JAKOB.

Emanzipation in der Steinzeit

ES BRAUCHT NOCH EINEN GROSSEN FORTSCHRITT, BIS WIR UNSEREN RECHTMÄSSIGEN PLATZ AN DER SEITE DES MANNES ERKÄMPFT HABEN
STIMMT!
UND DANN NUR NOCH EIN KLEINER SCHRITT UND WIR BEHERRSCHEN IHN.
PROTEST
WIR GEBEN EUCH LIEBE! WIR ZOLLEN EUCH RESPEKT! WAS WOLLT IHR DENN NOCH VON UNS?
EURE NACHSICHT.
DAS HÖRT SICH SCHON BESSER AN!
UND EUER GELD!

DIESES JAHR WILL ICH NICHT SO SEHR
DIE EMANZIPIERTE RAUSKEHREN!
WEG DA, JUNGCHEN...
LADIES FIRST, ODER?...
Vorsätze

Liebes
Dickerchen,
Ratgeber
Was meinst Du, soll eine Frau
mit dem Mann einer anderen
ausgehen?
Du suchst wohl Stunk
mit mir, Kleine...?
Ratgeber

HAST DU'N JOB FÜR MICH HEUTE?
JA, DA WÄRE WAS... IGELSCHERER.
JOBS
WERDE ICH BEZAHLT WIE EIN MANN?
KEINE AHNUNG. ICH KENNE DIE ARBEITSPLATZBESCHREIBUNG NICHT.
JOBS
WIEDER EIN SCHRITT ZUR GLEICHBERECH-TIGUNG!
WIE DAS?
MEINE ARBEITSPLATZBESCHREI-BUNG WURDE GEÄNDERT – VON „KLÄRGRUBENARBEITERIN" IN „KLÄR-GRUBENFACHKRAFT."

Briefe und Tagebücher

aus der Steinzeit

Liebes Dickerchen,
Peters Orakel
Mein Mann verlangt eigenartige Dinge von mir. Wie soll ich mich verhalten?
Frag mal Deine Nachbarin nach ihren Erfahrungen.
Peters Orakel

Liebes Dickerchen,
Lebens-hilfe e.V.
Warum beantwortest Du die Briefe von Anna und Berta viel zartfühlender als meine?
gez. Eine Verwunderte
LIEBE VERWUNDERTE, ZISCH AB!
Lebens-hilfe e.V.

Liebes Dickerchen,
Lebens-hilfe e.V.
Führt man den Löffel zum Mund oder den Mund zum Löffel?
MEINETWEGEN ISS MIT DEN FINGERN. ICH HAB' WAS WICHTIGERES ZU TUN.
Lebens-hilfe e.V.

Tagebuch

Peters Wörterbuch
EINE SEHR PERSÖNLICHE BUCH – FÜHRUNG SEINES DENKENS UND HANDELNS – SIEHE AUCH UNTER: BESTSELLER.
Peters Wörterbuch
FÜHRST DU TAGE-BUCH?
IN DER TAT, ZUFÄLLIG JA.
STEHT DA ETWAS „AUFREGENDES" ÜBER MICH DRIN?
ES IST EIN TAGEBUCH, PETER... KEIN WITZBUCH.

Liebes Nächtebuch,
HA!... DU HAST „NÄCHTEBUCH" STATT TAGEBUCH GESCHRIEBEN!
...gestern Nacht träumte ich etwas Schreckliches - ich habe diese vorwitzige Blondine erwürgt...
HE... WAS MACHST DU DA?
ICH MACHE DIE ERSTE EINTRAGUNG IN MEIN NEUES TAGEBUCH!
HAST DU AUCH NOTIERT, „DIESES BUCH GEHÖRT FRÄULEIN FETT?"
Liebes Tagebuch, tut mir leid...aber ich muß Dich gleich jemand über den Schädel hauen...

DARF ICH DEIN TAGEBUCH LESEN, MARTHA ?
WAS SOLL'S, WARUM NICHT?!
SEHR LUSTIG, MARTHA... AUSSER DEN WORTEN „LIEBES TAGEBUCH" STEHT JA NOCH GAR NICHTS DRIN!
KEIN WUNDER - DIE EHE MIT DIESEM CHAUVI IST ABSOLUT LANGWEILIG UND EREIGNISLOS.

Abenteuer in der Steinzeit

AUS-
GANG
AUS-
GANG
FAHRT

IST DAS EIN ECHTER STEINZEITROBOTER?
JA... IST ER NICHT TOLL?
KANN DER AUCH WAS?
KEINE AHNUNG!
HABT IHR NICHTS BESSERES ZU TUN, ALS ZU QUATSCHEN?

AMEISEN SIND DUMM!
ACH, WIRKLICH?
ZOT
JA!!
AUF, LEUTE! ... DER LETZTE IST EIN FAULES EI!
PLATSCH

?

OH... ÄH... BRAUCHST DU EI-
NEN AGENTEN?

HILFE ! ICH STECKE IM SCHNEE !
HALT AUS, KUMPEL, ICH HOL' DICH GLEICH DA RAUS !
WAS IM HIMMEL IST DAS ?
TENNISSCHUHE.
hart

TAXI

MACHEN WIR'N STRAND-LAUF, MELANIE?
OKAY, EMILIE.
EVOLUTION!

TAXI

ZOT
VERDAMMTES PECH ! DIESER MIST-KERL LEBT IN EINEM LABYRINTH !

PAPA, WAS IST EIN AMEISENBÄR ?
MAN IST WAS MAN ISST

MEIN EX-MANN UND DEINE EX-FRAU KOMMEN UNS BESUCHEN, JAKOB.
WAS?
ICH HAB SIE EINGELADEN.
HAST DU DEN VERSTAND VERLOREN?
ABER JAKOB! ...SIE SIND VERHEIRATET!
VERHEIRATET?
...NICHT NUR DAS, JAKOB... SIND DAS GLÜCKLICHSTE PAAR, DAS ICH JE GESEHEN HABE!
WAS HABEN WIR BLOSS FALSCH GEMACHT?

SIE HABEN DICH WIEDER REINGELEGT... STIMMT'S?
STIMMT.
Totalausverkauf
WAS HABEN SIE DIR DENN DIESMAL ANGEDREHT?
SCHWARZE ZAHNPASTA.
Totalausverkauf

ICH BEWERBE MICH UM EINEN JOB. DIES IST DER SCHÖNSTE OBSTSTAND, DEN ICH JE GESEHEN HABE!
HMM.
Obst und Früchte

OH, HAST DU DAS ALLES GEMALT?
ALLES...BIS AUF DAS ERSTE DA VORN...
WAS SOLL DAS BEDEUTEN?
BESCHMIEREN DER WÄNDE VERBOTEN.
UND WAS KANNST DU?
ÄPFEL POLIEREN.
Obst und Früchte

SCHAU MAL, DU BIST IN DIE LISTE DER 10 BESCHEIDENDSTEN FRAUEN GEWÄHLT WORDEN!
DACHT' ICH'S DOCH.
UND WER SIND DIE 9 NACH MIR?

EIN „STREICHELHANDSCHUH".
DU MEINST WOHL EIN BOX-HANDSCHUH ?
Patentamt
STREICHEL
IFF MUFF LERNEN, MIFF NIFFT IN ANDERER LEUTE ANGELEGENHEITEN ZU MIFFEN.
Patentamt

ICH BIN EIN APTERYX, A-P-T-E-R-Y-X! EIN FLÜGELLOSER VOGEL MIT EINEM HAARKLEID...
UND DU?
ICH BIN EIN PTERODACTYLUS, P-T-E-R-O-D-A-C-T-Y-L-U-S...
ICH HASSE IHN.

HALLO... ICH BIN APTERIX, EIN FLÜGELLOSER VOGEL MIT HAARIGEN FEDERN. WAS BIST DU?
EIN BISON.
UND WAS TUST DU?
GRASEN.
GRASEN?
JA, ALLES AB...
DEINE EINZIGE ARBEIT IM LEBEN IST GRASEN?
NICHT UNBEDINGT...
WENN ICH NICHT HUNGRIG BIN, POSIERE ICH SCHON MAL FÜR HÖHLENMALER.

JOHANN?
KEINE ANGST, ICH BIN IM KELLER!

IRGENDWO HAB' ICH GELESEN, SCHILDKRÖTE SOLL GANZ VORZÜGLICH SCHMECKEN.
...WIE TRUTHAHN.
SCHNELLER KUMPEL!

ALLE STÜHLE SIND BESETZT.
Peters Haarsalon
KEINE WARTEZEIT
AUF DEM SCHILD STEHT ABER „KEINE WARTEZEIT!"
ZIEH LEINE, BESSERWISSER!
KEINE WARTE ZEIT

Steinzeit-*Philosophie*

Ehe
Peters Definitionen
EGOISMUS ZU ZWEIT.
Peters Definitionen

WENN EIN BARMIXER 20 SHAKES AUS EINEM LITER EISCREM MACHT...
Die kluge Antwort
... WIEVIELE SCHAFFT ER DANN AUS EINER GALLONE ?
DAS WEISS NUR WOBRYSCHALEK.
Die kluge Antwort

GROSSER GURU, WAS WAR ZUERST DA, DAS EI ODER DAS HUHN?
DAS, WAS ZUERST VOLLENDET WAR.
HE... DAS IST GUT!
DER ALLMÄCHTIGE ERHALTE DIR DEINEN NAIVEN KUNDEN...

WAS SCHENKT MAN JEMAND, DER SCHON ALLES HAT?
Geschenke
VERTRAUEN!
Geschenke

Vorsatz

Peters Wörterbuch
DAS, WOMIT DIE MEISTEN MÖRDER IHRE OPFER UMBRINGEN.
Peters Wörterbuch

Schwiegermutter

Ja.

Wir verstehen uns, im besten Sinne, als »Publikums-Verlag«. Weil wir Bücher machen, die wir gerne mögen.
Literatur und Sachbuch, Bildbände und Satire. Aktuelles und Klassisches, vom Nonsens bis zum Tiefschürfen. Das Programm ist so bunt und widersprüchlich wie wir selbst.

Genau betrachtet, sitzen wir zwischen allen Stühlen (und fühlen uns dabei sehr wohl): Linken sind wir nicht links und Grünen nicht grün genug, Konservativen viel zu links und zu frech, Intellektuellen nicht intellektuell und Weltverbesserern nicht pädagogisch genug. Na undsoweiter. Weil wir es niemandem recht machen wollen.
Wir sind neugierig. Aufmüpfig. Unbequem. Wir finden nichts schlimmer als Langeweile. Mögen nicht die Weltuntergangs-Larmoyanz. Wir wollen Bäumchen pflanzen. Und auch noch Spaß dabei haben.

Neugierig geworden?

Dies Kärtchen lesbar mit Absender versehen, frankieren und zur Post. Dann kommt unser Verlagsprospekt, »Querkopf« heißt er, und erzählt mehr über unsere Bücher.

GROSSER GURU, WAS IST DAS GE- HEIMNIS EINES LAN- GEN LEBENS?
KEIN ALKOHOL, KEIN NIKOTIN.
UND WAS IST MIT FRAUEN?
FÜR DIE GILT DAS GLEICHE!

„Stop and go":

Gabelstapler:

Freiwilliger
Peters Wörterbuch
EIN NARR, DER NICHT WEISS, DASS ER EINER IST.
Peters Wörterbuch
hart
GLAUBST DU, DIE WELT WIRD BESSER WENN WIR VON IHR VERSCHWINDEN ?
... WEISS NICHT.
VER-SCHWINDE!
hart

Nichts bleibt, wie es ist

HAST DU'N VOGEL DA, DER SPRICHT?
Tier-handlung
NEIN... ABER EINE MÖWE, DIE SINGT...
Tier-handlung
ROCKO HAT DEN BRUCH GEPLANT... VITO FUHR DAS FLUCHTAUTO... UND...
... UND **ICH** BIN DER DRITTE MANN!
Tier-handlung

EIN LOCH IM DAMM!
NIE MEHR GEHE ICH ZUM AKUPUNKTEUR!

SCHAU MAL, PAPI, EIN FISCH MIT EINEM PREISSCHILD FÜR 6.50 MARK.
BLEIB WEG DAVON, MEIN SOHN !
DIESE VERDAMMTE BANDE... HABEN MICH VON 11.90 AUF 6.50 HERUNTERGESETZT.
hart

?
WAS SOLL DENN DAS BEDEUTEN ?
DAS BEDEUTET, DASS DU VON JETZT AN **ZAHLEN** MUSST !
WIE SCHÖN!... DIESE BLUTORANGENHAINE... DIESE FEURIGEN KLETTERROSEN... ICH LIEBE HERBSTFARBEN !
HE... WOHIN FLIEGEN WIR ?
ZUM AUGENARZT... DAS WAR EIN WALDBRAND !

Ein Trottel kommt selten allein

ICH HÄTTE GERN EINE NEUE BRILLE.
HIER BIN ICH, GLUPSCHAUGE.
Optiker
DEINE BRILLE IST FERTIG. SOLL ICH SIE DIR AUFSETZEN?
optiker
NEIN... LASS NUR... MACH ICH SELBST!
OKAY.
UND... WIE SEHE ICH AUS?
hart

TÖLPEL! ... DU FÄLLST GLEICH INS...
DIE DUMMEN HABEN IHREN TAG HEUTE!
hart

ACHTUNG, TÖLPEL! DU... DU...
DA SIEHT MAN'S WIEDER...
"WAS ICH NICHT WEISS, MACHT MICH NICHT HEISS!"
hart

ZZZZZZZZ

schlangengrube

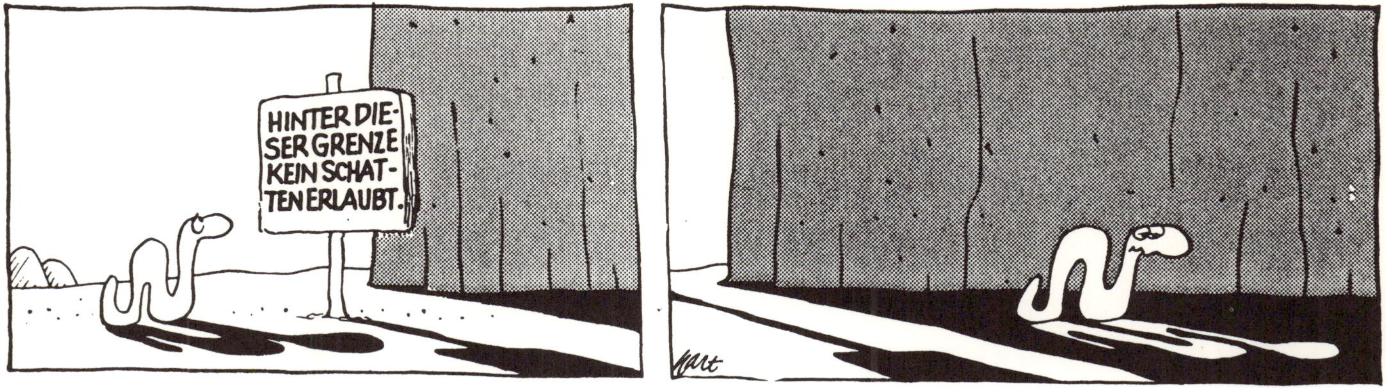
HINTER DIE-
SER GRENZE
KEIN SCHAT-
TEN ERLAUBT.

HALLO... DU KOMMST MIR BEKANNT VOR.
NA JA... SOLL JA WOHL...
WIESO?
ICH BIN DEIN ANDE-RES ENDE, KUMPEL!

EIN LAUSIGES LEBEN... KEINE LIEBE!... KEIN RESPEKT!
...NICHT MAL VERTRAUEN!

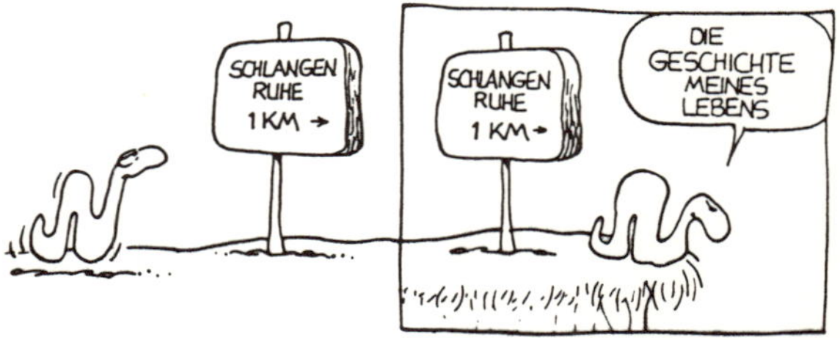
SCHLANGEN RUHE 1 KM →
SCHLANGEN RUHE 1 KM →
DIE GESCHICHTE MEINES LEBENS

Woody Allen

NERV NICHT!

80 S. / Querformat / 10,— DM

ISBN 3-8218-1885-9

Herausgegeben von Adolf Heinzlmeier

Woody Allen, Starkomiker, Entertainer und Meisterregisseur in einem, zählt ohne Zweifel zu den originellsten Köpfen unseres Jahrhunderts. Er ist unser berühmtester Stadtneurotiker, ein Intellektueller aus New York, der nervt und leidet und von einem Unglück ins andere stolpert und uns gerade dadurch zum Lachen reizt.

Der Zeichner und Cartoonist Stu Hample, seit Jahren erfolgreicher Autor verschiedener Comic-Serien in den USA, entwickelte die Ideen zu den vorliegenden Comic-Strips in kreativem Austausch mit Woody Allen, dessen Leben, Werk und Philosophie ihm reichlich Stoff lieferten. Im Kino wie in den Cartoons ist Woody Allens Humor intelligent und universal, sind seine Attacken auf unser Zwerchfell von sprühendem Witz.

Eichborn Verlag

B. C. – Die Steinzeitfreaks von Johnny Hart – jetzt im Verlag mit der Fliege

Ausgewählt und herausgegeben
von Adolf Heinzlmeier

Band 1: Liebesgrüße aus der Steinzeit
ISBN 3-8218-1887-5

Band 2: Beinharte Steinzeit
ISBN 3-8218-1888-3

Band 3: Fabelhafte Steinzeitlümmel
ISBN 3-8218-1889-1

je 80 S. / Querformat / 10,— DM

B.C. bedeutet »Before Christ« und stellt eine sagenhafte Welt sprechender Pflanzen, Tiere und Urmenschen vor, die zufälligerweise mit unserer Zeit eine merkwürdige Parallele aufweist. Cartoonist Johnny Hart hat dafür ein umfangreiches phantasievoll-kurioses Personal erschaffen, das mal tumb-grotesk, mal überschlau sein Publikum zum Lachen reizt.

»Der Comic strip ist eine aufregende Sache«, philosophiert der berühmte Cartoonist, »er wird normalerweise von Menschen erfunden, die sich weigern, erwachsen zu werden, und liefert wunderbare Phantasien für Menschen, die es bedauern, erwachsen geworden zu sein.«

Eichborn Verlag